Walt Disneys
DIE SCHÖNSTEN
GUTE-NACHT GESCHICHTEN
Spiele, Geschichten, Rätsel

ISBN 3-8212-2728-1
© 2003 Disney Enterprises Inc.
Verantwortlich für diese Ausgabe:
XENOS Verlagsgesellschaft mbH,
Am Hehsel 40, 22339 Hamburg
Konzept und Text:
Bettina Grabis und Günter W. Kienitz
Illustrationen: COMICON S.L., Barcelona
Printed in Italy

Inhalt

Ein ganz besonderer Tag	6
Dein eigenes Bettpüppchen	12
Der Mond ist aufgegangen	14
Minnies fantastischer Traum	16
Ein Fensterbild zum Träumer	22
Schlafe, mein Prinzchen, schlaf ein	24

In einer Vollmondnacht	26
Sternenreiter	33
Wer hat die schönsten Schäfchen	34
Ein Schäfchen als Schlafwächter	36
Der vollautomatische Putzroboter	38
Goofys Schlaftheater	44
Mickys Fingertheater	45
Die Blümelein, sie schlafen	46

Der Schneefiguren-Wettbewerb	48
Weißt du, wie viel Sternlein stehen	56
Das Sternen-Mobile	58
Goofy hebt ab	60
Schlaf, Kindlein, Schlaf!	66
Eine Schlafmaus zum Kuscheln	68
Geschichten am Lagerfeuer	70
Kein schöner Land in dieser Zeit	76
Augen zu und Ohren auf	78

Ein ganz besonderer Tag

Es war ein wunderschöner Morgen in Entenhausen, als Donald aus seinen Träumen erwachte. Er war bester Laune, denn heute wollte Daisy zum Kaffee vorbeikommen.
Darauf freute sich Donald schon die ganze Woche.

"Nur Daisy und ich, ganz allein. Das wird ein ganz besonderer Tag", schwärmte er und hüpfte vergnügt aus den Federn.
"Heute muss ich in Höchstform sein", sagte er sich und machte ein paar schwungvolle Gymnastikübungen.

Als Donald die Augen öffnete, dachte er sofort an Daisy. So fiel ihm gar nicht auf, dass einiges in seinem Zimmer nicht stimmte. Vier merkwürdige Dinge haben sich hier über Nacht eingeschlichen. Kannst du sie im Bild entdecken?

Als er in die Küche kam, saßen Tick, Trick und Track schon am Frühstückstisch. "Einen wunderschönen guten Morgen", wünschte Donald seinen Neffen und setzte sich zu ihnen.

"Bist du aber gut gelaunt", wunderte sich Tick. "Ist heute etwas Besonderes?", fragte Trick neugierig. "Schönes Wetter", antwortete Donald und setzte gleich hinzu: "Gerade richtig für eure Angeltour."

Doch diese übertriebene Freude nahmen Tick, Trick und Track Donald nicht ab. "Wir müssen noch unsere Angelsachen packen", meinten sie und verschwanden in ihrem Zimmer.

Rasch deckte Donald den Tisch ab und begann, das Haus auf Vordermann zu bringen. Blitzblank sollte es heute sein.

"Das klingt ja gerade so, als ob du uns aus dem Haus haben möchtest", meinte Track und guckte seinen Onkel vorwurfsvoll an. Doch Donald versuchte sich nichts anmerken zu lassen. "Ihr schwärmt doch schon seit Tagen von eurem geplanten Ausflug zum See. Und ich freue mich für euch, dass ihr dabei so tolles Wetter habt", erklärte er.

Während Donald eifrig durchs Haus fegte, saßen Tick, Trick und Track in ihrem Zimmer und grübelten. "Onkel Donald hat irgendetwas vor", sagte Track. "Ganz klar!", fand auch Tick. "Und wir sollen nicht dabei sein", meinte Trick enttäuscht.

Da kam den Dreien eine Idee. "Wir tun einfach so, als würden wir angeln gehen, legen uns statt dessen aber heimlich auf die Lauer, Jungs", rief Tick. Trick und Track stimmten ihm begeistert zu.

Rasch schnappten sie sich ihre Angeln, gingen zu Onkel Donald und winkten ihm zum Abschied zu. "Viel Spaß!", wünschte Donald ihnen und eilte in die Küche. "Jetzt wird die Überraschungstorte gebacken. Da wird Daisy Augen machen", sagte er und träumte vor sich hin.

Obwohl die Bilder ganz unterschiedlich aussehen, sind doch in beiden fünf gleiche Gegenstände zu sehen. Findest du sie?

Die Torte war gerade fertig und der Tisch hübsch gedeckt, als es plötzlich an der Tür klingelte. "Nanu, Daisy ist aber früh dran", dachte Donald und öffnete.

Doch herein kam nicht Daisy, sondern Oma Duck, die das schöne Wetter für einen Besuch bei ihrem Neffen nutzte. "Da komme ich ja gerade richtig", sagte sie und bewunderte die prächtige Torte. Und ehe Donald sich versah, saß Oma Duck auch schon am gedeckten Tisch.

Als nächstes kam Dagobert Duck auf einen Sprung vorbei, um mal zu sehen, wie es seinem Lieblingsneffen so ging. Die hübsche Torte sah so verführerisch aus, dass auch er sich entschloss, ein wenig länger zu bleiben.

Da klingelte es schon wieder an der Tür. Hereinspaziert kam Daniel Düsentrieb, der Donald seine neueste Erfindung zeigen wollte.

Als er den leckeren Kuchen sah, vergaß er den Grund seines Besuches und setzte sich zu Oma Duck.

Donald traute seinen Augen nicht. Ausgerechnet heute, wo er sich doch so sehr auf einen Nachmittag mit Daisy gefreut hatte, kamen ihn alle besuchen. "Jetzt wird Daisy sich bestimmt nicht freuen", seufzte er und ließ die Schultern hängen. Ihm war zum Heulen zumute.

Da flog die Tür auf und drei muntere Stimmen riefen: "Wir sind wieder da, Onkel Donald! Sieh mal, wen wir noch mitgebracht haben", sagten Tick, Trick und Track vergnügt und Dicky, Dacky und Ducky traten hinter den Jungs hervor.

"Schön", brummte Donald ohne jede Begeisterung.

Rasch legten die Jungs die Angeln beiseite, und gemeinsam mit den Mädchen begrüßten sie Oma Duck, Daniel Düsentrieb und Dagobert.

Schließlich kam auch Daisy. Als sie alle ihre Freunde an dem schön gedeckten Tisch mit der großen Torte sitzen sah, war sie ganz verzückt. "Du gibst eine Überraschungsparty für mich?", fragte sie gerührt.

Verlegen guckte Donald auf seine Gäste. "Das ist die schönste Überraschung, die du mir machen konntest", freute sich Daisy und gab Donald ein dickes Dankeschön-Küsschen.

Da strahlte Donald übers ganze Gesicht. Vergnügt setzt er sich zu seinen Freunden an den Tisch, und alle verbrachten einen unvergesslichen Nachmittag miteinander.

Nanu! Was hat Onkel Donald denn da alles auf den Tisch gestellt? Schau einmal genau hin und versuche herauszufinden, welche drei Teile hier nicht hingehören.

Dein eigenes Bettpüppchen

Damit Dicky, Dacky und Ducky immer gut schlafen können, hat Daisy ihnen Bettpuppen geschenkt. Möchtest auch du so einen kleinen Freund für die Nacht haben? Daisy verrät dir, wie du dir ein Bettpüppchen ganz einfach selbst basteln kannst.

Dazu brauchst du ein Stofftaschentuch, etwas Watte, einen Gummiring, je ein Stück Schleifen- und Rüschenband und Klebstoff.

1. *Breite das Taschentuch auf einem Tisch aus.*

2. *Zupfe von der Watte einen faustgroßen Ball ab und lege ihn in die Mitte des Taschentuchs.*

3. *Falte das Tuch um den Watteball und binde es mit dem Gummiring ab.*

4. *Dann zupfst du das Tuch so zurecht, dass die rechte und die linke Seite jeweils den gleichen Abstand zum Kopf haben. Die Enden der Arme versiehst du jeweils mit einem Knoten.*

5. Nun trägst du etwas Klebstoff um das Gesicht der Puppe herum auf und setzt das Rüschenband als Haube auf. Halte das Band so lange fest, bis der Kleber getrocknet ist.

6. Anschließend legst du das Schleifenband um den Hals der Puppe und bindest es locker zu einer Schleife.

7. Wenn du magst, kannst du deinem Püppchen auch noch ein Gesicht aufmalen oder aufsticken.

Und ab geht es ins Bett, wo du es dir gemeinsam mit deinem Bettpüppchen gemütlich machen kannst.

2. Wie ist die Welt so stille
und in der Dämm'rung Hülle
so traulich und so hold!
Als eine stille Kammer,
wo ihr des Tages Jammer
verschlafen und vergessen
sollt.

3. Seht ihr den Mond
dort stehen?
Er ist nur halb zu sehen
und ist doch rund und schön!
So sind wohl manche Sachen,
die wir getrost belachen,
weil unsre Augen sie nicht sehn.

4. Wir stolzen Menschenkinder
sind eitel arme Sünder
und wissen gar nicht viel;
wir spinnen Luftgespinste
und suchen viele Künste
und kommen weiter von dem Ziel.

5. Gott, lass' dein Heil uns schauen,
auf nichts Vergänglich's trauen,
nicht Eitelkeit uns freun;
lass' uns einfältig werden
und vor dir hier auf Erden
wie Kinder fromm und fröhlich sein.

Minnies fantastischer Traum

Minnie schlief tief und fest und befand sich im Land der Träume.

...In Lumpen gekleidet stand Minnie in einer altmodischen Küche und spülte einen riesigen Berg von Geschirr. Da klopfte es an der Tür. Minnie öffnete und der Postbote überreichte ihr einen Brief. Darauf war eine goldene Krone gedruckt. In dem Umschlag steckte eine Einladung zum königlichen Ball.

"Wir sind alle zu einem Ball eingeladen", rief Minnie freudestrahlend und überreichte den Brief ihrer Stiefmutter und ihren Stiefschwestern. Sofort zogen die ihre schönsten Kleider an und eilten aus dem Haus.

Minnie aber musste alleine zurückbleiben. Sie konnte nicht zum königlichen Ball gehen, weil sie nichts Hübsches zum Anziehen hatte.

Da muss die arme Minnie aber viel Geschirr spülen. Doch Hilfe ist schon in der Nähe, fünf kleine Mäuschen. Siehst du, wo sie sich verstecken?

Traurig saß Minnie in der Küche, als die gute Fee Klarabella sie besuchen kam. "Weine nicht, liebe Minnie", sagte sie und sprach einen magischen Zauberspruch. Da hüllte ein schimmernder Nebel Minnie ein. Plötzlich trug sie ein wunderschönes Kleid, ein goldenes Krönchen und ein Paar gläserne Schuhe.

"Nun kannst du auch zum königlichen Ball gehen", sagte die gute Fee.

"Vielen Dank, liebe Fee!", rief Minnie voller Freude.

"Aber um Mitternacht musst du zurück sein, denn dann verfliegt der Zauber", erklärte Klarabella und wünschte Minnie viel Spaß.

Hübsch gekleidet ging Minnie zum Ball und verbrachte eine wunderschöne Zeit. Ununterbrochen tanzte sie mit Prinz Micky und hatte so viel Spaß wie nie zuvor.

Der Prinz fand Minnie so hinreißend, dass er sich auf der Stelle in sie verliebte. Glücklich guckten sich die beiden in die Augen und tanzten durch den ganzen Saal. Doch gerade, als es am schönsten wurde, schlug die Uhr zwölf Mal.

"Ich muss gehen!", sagte Minnie erschrocken und eilte auch schon davon.

Schnell lief sie aus dem Schloss und verschwand im Dunkel der Nacht. Prinz Micky versuchte sie aufzuhalten. Doch Minnie war schneller. Alles was dem Prinzen von der unbekannten Schönen blieb, war ein gläserner Schuh. Den hatte Minnie auf der Treppe verloren. Traurig hob der Prinz den Schuh auf und nahm ihn mit ins Schloss.

In den Ballsaal haben sich sechs Spielzeuge eingeschlichen, die hier nicht hingehören. Wenn du ganz genau hinsiehst, kannst du sie bestimmt entdecken.

Gleich am nächsten Morgen machte sich Prinz Micky mit dem gläsernen Schuh auf die Suche nach der unbekannten Schönen.

Er besuchte jede Stadt und jedes Dorf. "Das Mädchen, dem dieser Schuh passt, soll meine Prinzessin werden", sagte der Prinz und ließ jedes Mädchen im Lande den Schuh anprobieren.

Junge und alte Frauen, ja sogar die gemeinen Stiefschwestern versuchten ihren Fuß in den gläsernen Schuh zu zwängen.

Doch niemandem passte er.

Schließlich probierte auch Minnie den Schuh an. Und siehe da: er passte wie angegossen. "Du bist meine Prinzessin", sagte Prinz Micky glücklich. Rasch sprang er von seinem Pferd, kniete vor Minnie nieder und hielt um ihre Hand an.

Strahlend vor Freude ließ Minnie sich von ihrem Prinzen aufs Pferd helfen und ritt mit ihm davon. Alle jubelten den beiden zu. Nur die böse Stiefmutter und die garstigen Stiefschwestern guckten grimmig drein.

Einige Tage später fand die große Hochzeit statt. Prinz Micky heiratete seine Minnie. Alle gratulierten den beiden und überreichten ihnen viele Geschenke.

Und Prinzessin Minnie musste nie, nie wieder bergeweise Geschirr spülen.

...Da brach der Tag an und Minnies fantastischer Traum war zu Ende.

Da haben Prinzessin Minnie und Prinz Micky aber viele Geschenke bekommen. Drei Teile sind allerdings doppelt. Weißt du welche?

Ein Fensterbild zum Träumen

Mack und Muck haben sich eine besonders schöne Dekoration für ihr Kinderzimmer ausgedacht – ein Fensterbild zum Träumen.

Wie sie das gemacht haben, zeigen sie dir hier.

Bevor du mit dem Basteln beginnen kannst, brauchst du Pauspapier, dünne weiße Pappe, einen Bleistift, eine Schere, Buntstifte, eine Nähnadel und etwas Garn.

Mit Pauspapier und Bleistift überträgst du den abgebildeten Rahmen und die einzelnen Teile des Bildes auf die dünne Pappe und schneidest sie aus.

Male den Rahmen, die Sterne und Micky auf dem Mond mit Buntstiften von beiden Seiten an.

Lege alle fertigen Teile so vor dich hin, wie du sie gerne anbringen möchtest. Schneide das erste Stück Garn in die richtige Länge, fädle es auf die Nadel und versieh ein Fadenende mit einem dicken Knoten.

Mit der Nadel stichst du nun in den eingezeichneten Punkt am oberen Rahmenrand und ziehst den Faden hindurch.

Dann führst du die Nadel durch die Spitze des ersten Sterns und verknotest den Faden. So befestigst du jedes Teil im Rahmen, bis das Fensterbild schließlich fertig ist.

Und damit du das Bild aufhängen kannst, befestigst du oben am Rahmen eine Schlinge aus Garn.

2. Auch in dem Schlosse schon liegt
alles in Schlummer gewiegt;
reget kein Mäuschen sich mehr,
Keller und Küche sind leer.
Nur in der Zofe Gemach
tönt ein schmelzendes Ach.
Was für ein Ach mag das sein?
Schlafe, mein Prinzchen, schlaf ein,
schlaf ein, schlaf ein!

3. Wer ist beglückter als du?
Nichts als Vergnügen und Ruh!
Spielwerk und Zucker vollauf
und noch Karossen im Lauf:
Alles besorgt und bereit,
dass nur mein Prinzchen nicht schreit.
Was wird da künftig erst sein!
Schlafe, mein Prinzchen, schlaf ein,
schlaf ein, schlaf ein!

Pssst! Die Tiere schlafen schon und du willst sie doch bestimmt nicht aufwecken, oder? Wenn du ganz leise suchst, kannst du sie bestimmt alle entdecken.

In einer Vollmondnacht

Kugelrund stand der Mond am Abendhimmel über Entenhausen. Das gefiel Dagobert Duck ganz und gar nicht. In Vollmondnächten brauchte er immer eine halbe Ewigkeit, bis er endlich einschlafen konnte.

So war es auch an diesem Abend. Unruhig lief Dagobert Duck durch sein Haus und grübelte darüber nach, was er gegen seine Vollmond-Einschlafprobleme tun könnte.

"Vielleicht hilft es, wenn ich etwas lese", dachte er und holte sich einen Krimi aus dem Bücherschrank. Dann machte er es sich in seinem Bett bequem und begann zu lesen.

Doch Dagobert Duck war nicht der Einzige in Entenhausen, der in dieser Nacht nicht schlafen konnte.

Die Panzerknacker waren mal wieder pleite und hatten keinen einzigen Taler. Sie saßen beisammen und grübelten, wie sie wohl am schnellsten zu großem Reichtum kommen könnten.

"Heute Nacht ist unsere Nacht", sagte der Anführer der Panzerknacker. "Wir besuchen den reichsten Mann von Entenhausen, brechen in sein Haus ein und machen fette Beute." Seine Kumpane waren begeistert.

Rasch suchten die drei Schurken ihr Werkzeug zusammen, verstauten es in einer großen Tasche und machten sich auf den Weg zu Dagoberts Haus.

Da die Panzerknacker nicht viel von Ordnung halten, brauchten sie eine halbe Ewigkeit, um ihr Werkzeug zu finden. Mal sehen, wie lange du dafür benötigst. Suche im Bild nach einem Hammer, einer Säge, einer Feile, einer Zange und einem Schraubenzieher.

Während die Panzerknacker durch die Dunkelheit schlichen, wanderte Dagobert Duck immer noch hellwach umher und probierte einen Einschlaf-Geheimtip nach dem anderen aus.

Nachdem ihn der Krimi nicht müde gemacht hatte, versuchte er es mit einem Glas heißer Milch mit Honig. Doch auch das schien nicht zu helfen.

Damit er sich die Goldtaler nicht nur vorstellen musste, schnappte er sich sein Kopfkissen und ging damit in seinen großen Tresor. Der war mit einem riesigen Berg von Talern gefüllt. Dagobert legte sein Kissen oben auf die glänzenden Talerstücke und machte es sich so gut es ging bequem.

"Vielleicht sollte ich Schäfchen zählen", überlegte er. Da kam ihm noch eine viel bessere Idee. Schafe interessierten Dagobert eigentlich gar nicht, Goldtaler dafür umso mehr. "Das ist es!", rief er glücklich. "Ich zähle mich mit Talern in den Schlaf."

Unterdessen hatten die Panzerknacker ein Fenster aufgebrochen. "Die Luft ist rein, Jungs! Folgt mir!", flüsterte der Anführer und kletterte ins Haus. Seine Kumpane rieben sich begeistert die Hände und folgten ihm.

"Hört ihr das auch?" fragte einer der Schurken plötzlich. "Ja, da zählt jemand!", meinte der andere. "Da zählt jemand Taler!", sagte der Anführer und grinste hämisch.

Leise schlichen die Einbrecher zur offenen Tür und lugten vorsichtig in die Schatzkammer hinein.

"Was machen wir jetzt?", fragte einer der Panzerknacker.

Die drei Schurken steckten die Köpfe zusammen und berieten flüsternd ihr weiteres Vorgehen.

Dann begann Dagobert laut zu zählen: "Ein goldener Taler, zwei goldene Taler, drei goldene Taler..."

Onkel Dagobert ist wirklich reich. Zwischen seinen vielen Goldtalern stecken auch noch andere Schätze. Findest du sie?

Plötzlich hörte Dagobert Duck zu zählen auf. "Nein, nein, nein!!", rief er unzufrieden. "So geht es nicht! So kann ich auch nicht schlafen!"

Da kam ihm eine neue Idee. "Ich singe mich in den Schlaf!", sagte er entschlossen und begann auch schon mit der ersten Strophe: "Schlaf, Dagobert, schlaf. Ich lieg bei meinen Talerlein, da bin ich nicht mehr so allein. Schlaf, Dagobert, schlaf..."

Als die Panzerknacker das hörten, wußten sie, was sie zu tun hatten. "Wir setzen uns hier ganz ruhig hin und warten ab, bis Dagobert Duck eingeschlafen ist. Hi, hi, hi. Und dann holen wir uns seine Goldtaler", entschied der Anführer.

Leise setzten sich die Einbrecher auf den Boden vor der Tür und lauschten Dagoberts Schlaflied.

Es dauerte nicht lange und Dagobert Duck schlief tief und fest.

Sein Schlaflied war ein voller Erfolg. Nicht nur Dagobert selbst war endlich eingeschlummert, auch bei den Panzerknackern hatte es hervorragend gewirkt. Laut schnarchend lagen sie am Boden vor der Tür zur Schatzkammer und schliefen tief und fest.

Als der Morgen anbrach und Johann, der Butler, Dagobert das Frühstück servieren wollte, entdeckte er die schlafenden Einbrecher.

Auf Zehenspitzen schlich er zum Telefon und alarmierte die Polizei.

Fünf Minuten später wurden die Panzerknacker von einem Geräusch aus dem Schlaf gerissen, das sie nur zu gut kannten. Es war das Klicken von Handschellen. Erschrocken öffneten die Schurken die Augen.

"Aber wir konnten ja noch gar nichts stehlen!", rief der Anführer der Panzerknacker empört.

"Das kommt davon, wenn man bei der Arbeit schläft!", bemerkte Johann spitz und streckte hochmütig die Nase in die Höhe.

Jetzt waren die Panzerknacker wieder hellwach.

Die Polizisten legten ihnen Handschellen an und führten sie ab.

Nur Dagobert Duck bekam von all dem nichts mit. Er lag glücklich und zufrieden auf seinen Goldtalern und schlief und schlief und schlief...

Nanu, da stimmt doch etwas nicht! Drei merkwürdige Dinge haben sich in das Bild geschlichen. Versuche sie zu entdecken.

Sternenreiter

*Ach, wie finde ich das fein,
wenn alles liegt im Mondenschein.
Die Sonne muss dann nichts mehr tun
und hat Zeit sich auszuruh'n.*

*Am Himmel droben, in weiter Ferne,
funkeln viele kleine Sterne.
Auf einer Wolke möcht' ich liegen
und hinauf zu ihnen fliegen.*

*Ein Sternenkind würd' ich dort sein.
Oh, wie wäre das doch fein.
Auf einem Stern könnt ich dort reiten
und der Mond würd' mich begleiten.*

*Ach, was wär' ich froh und heiter.
Munter flög' ich immer weiter.
Wenn die Sonne dann erwacht,
würd' ich wieder heimgebracht.*

2. Er kommt am späten Abend,
wenn alles schlafen will,
hervor aus seinem Hause,
am Himmel leis und still.

3. Dann weidet er die Schäfchen
aus seiner blauen Flur;
denn all die weißen Sterne
sind seine Schäfchen nur.

4. Sie tun sich nichts zuleide;
hat eins das andre gern,
und Schwestern sind und Brüder
da droben Stern an Stern.

5. Und soll ich dir eins bringen,
so darfst du niemals schrein,
musst freundlich wie die Schäfchen
und wie der Schäfer sein.

Sechs Küken haben sich hier unter die Schafe gemischt. Wo stecken sie? Versuche sie zu finden.

Ein Schäfchen als Schlafwächter

Minnie hat sich für dich einen kleinen Schlafwächter ausgedacht - ein Schäfchen. Das ist ganz einfach zu basteln und kann dann die ganze Nacht auf deinem Nachtschränkchen neben dir stehen.

Um es zu basteln benötigst du feste weiße Pappe, einen Bleistift, eine Schere, weiße oder braune Wollreste und Klebstoff.

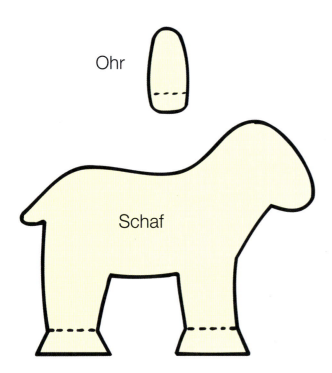

2. *Schneide das Schäfchen und das Ohr aus. Jetzt hast du jedes Teil zweimal. Klebe die beiden Schafteile zusammen. Nur die Füße bleiben unverklebt. Die faltest du nach außen, damit das Schaf stehen kann.*

3. *Die Ohren knickst du am Rand ein bisschen um und klebst je eines rechts und links am Kopf fest.*

1. *Zuerst klappst du die Pappe zusammen, so dass sie doppelt liegt. Mit Bleistift malst du auf einer der beiden Seiten ein Schaf und ein Ohr. Die Zeichnungen sollten so ähnlich aussehen, wie hier abgebildet. Die Füße des Schäfchens zeichnest du etwas breiter. Wie groß oder klein dein Schaf werden soll, kannst du selbst bestimmen.*

4. *Nun bekommt das Schäfchen sein Fell. Dazu schneidest du die Wolle in kleine Stücke und zupfst sie leicht auseinander. Bestreiche eine Seite des Schafes mit Klebstoff. Achte dabei darauf, dass der Kopf, die Ohren und die Füße frei bleiben.*

5. *Auf die bestrichene Fläche drückst du nun behutsam die Wollstücke. Gib dem Schäfchen ein richtig dichtes Fell. Sobald der Kleber getrocknet ist, versiehst du auch die andere Seite des Schafes mit Wolle.*

Fertig ist dein Schäfchen! Nun brauchst du ihm nur noch einen Namen zu geben und es auf dein Nachtschränkchen zu stellen.

Der vollautomatische Putzroboter

Suchend liefen Daniel Düsentrieb und Helferlein durchs ganze Haus. "Irgendwo muss doch diese winzig kleine Schraube sein", sagte Daniel nun schon zum fünften Mal. "Ob sie vielleicht auf den Boden gefallen ist?", überlegte er und kroch unter den Tisch. Jeden Millimeter suchte er dort mit einer großen Lupe ab. Hier lagen jede Menge kleiner Schrauben. Nur die eine, die er jetzt brauchte, war nicht dabei.

Auch Helferlein, der kopfüber in einer Schachtel herumkramte, konnte die Schraube nicht finden.

"So geht das nicht weiter", schimpfte Daniel. "Diese ewige Sucherei nach wichtigen Teilen für eine neue Erfindung hält uns viel zu lange auf."

Nachdenklich ging er im Zimmer auf und ab. Da hatte er eine Idee. "Helferlein, wir bauen uns einen Putzroboter", entschied Daniel Düsentrieb.

Unverzüglich machten sich die beiden an die neue Erfindung. Als Erstes entwarf Daniel einen Bauplan für den Putzroboter.

Er zeichnete die vielen Einzelteile auf und berechnete die nötigen Daten. Helferlein stand ihm hilfreich zur Seite und reichte ihm abwechselnd Lineal, Stifte und bei Fehlern auch mal den Radiergummi.

Nach einigen Stunden angestrengter Grübelei, war der Bauplan schließlich fertig.

Stolz heftete Daniel ihn an die Pinnwand in der Werkstatt, als Goofy zu Besuch kam.

"Uih, was ist denn das?", fragte der neugierig und betrachtete den Plan. "Das wird ein vollautomatischer Putzroboter", erklärte Daniel stolz. "Das ist eine tolle Idee", fand Goofy.

So eine eiserne Putzhilfe könnte er in seinem Haus auch gut gebrauchen. "Weißt du was?", sagte er. "Ich helfe dir den Roboter zusammenzubauen. Und dafür darf ich ihn mir einmal ausborgen" schlug Goofy vor. Daniel Düsentrieb war einverstanden.

Gemeinsam trugen Daniel, Helferlein und Goofy alle nötigen Bauteile zusammen und machten sich an die Arbeit. Goofy setzte die großen Teile zusammen. Daniel verband die vielen Kabel miteinander und Helferlein befestigte die kleinen Schrauben und Muttern.

Noch am selben Abend war der vollautomatische Putzroboter fertig. Er sah wirklich beeindruckend aus.

Alle möglichen Putzgeräte waren eingebaut worden: ein Staubsauger, eine Wasserspritzdüse, ein Trockenfön, Greifarme und jede Menge Bürsten in unterschiedlichen Größen.

Staunend standen Daniel, Helferlein und Goofy vor der fertigen Erfindung.

"Wow", rief Goofy. "Wenn der so toll reinigt, wie er aussieht, wird es bald keinen Schmutz mehr geben."

Sieh dir einmal die Bilder auf dieser Seite ganz genau an. Im unteren ist ein großer Gegenstand verschwunden. Weißt du welcher?

40

"Das Beste an ihm ist", verriet Daniel Düsentrieb, "dass er den ganzen Schmutz und Abfall auf Nimmerwiedersehen verschwinden lässt."

"Können wir ihn gleich ausprobieren?", fragte Goofy ungeduldig. "Aber sicher", meinte Daniel. "Am besten beginnen wir gleich hier in der Werkstatt."

Die sah wirklich schlimm aus. Überall lagen Schrauben, Metallreste, Drähte und andere Kleinigkeiten herum. Es war genau der richtige Ort, um einen Putzroboter zu testen.

Daniel, Helferlein und Goofy sahen dem Roboter fasziniert zu.

"Das geht ja flott", staunte Goofy. "Und wie gründlich er ist", stellte Daniel zufrieden fest.

"Los geht's!", rief Daniel feierlich und drückte auf die Einschalttaste des Roboters.

Sofort setzte der sich in Bewegung. Er saugte alle herumliegenden Teile weg und entfernte auch das kleinste Staubkörnchen.

Dann seifte er den Boden und die Möbelstücke ein und reinigte sie ganz gründlich. Bald glänzte und schimmerte alles vor Sauberkeit.

41

Plötzlich kam der Roboter auf die Drei zugerollt. Blitzschnell griff er nach Daniel, Helferlein und Goofy, öffnete seine Spritzdüse und verpasste ihnen eine kräftige Dusche. Ehe die Drei wußten, wie ihnen geschah, wurden sie von dem Putzroboter gründlich eingeseift, abgeschrubbt und anschließend sogar noch trocken geföhnt.

Erst als sie absolut sauber waren, ließ der Roboter sie wieder los. Eifrig rollte er weiter ins Haus.

Völlig verdattert standen Daniel, Helferlein und Goofy nebeneinander. "Wow, ist der gründlich", bemerkte Goofy und beguckte sich von oben bis unten. "Meine Schuhe haben noch nie so geglänzt", stellte er zufrieden fest.

Da hörten sie lautes Gepolter aus dem Haus. "Oh nein!", rief Daniel erschrocken.

Rasch liefen die Drei hinüber, um nachzusehen, was passiert war.

Als sie das Haus betraten, blieb Daniel Düsentrieb vor Schreck wie angewurzelt stehen. In Windeseile hatte der fleißige Putzroboter für Ordnung gesorgt. Dabei hatte er alles weggeputzt, was ihm in den Weg kam.

Mit Entsetzen stellte Daniel fest, dass er kein Geschirr, kein Besteck und kein Werkzeug mehr hatte.

Der Roboter hatte alles für Abfall gehalten und in sich hineingesaugt. Ratlos stand Daniel Düsentrieb vor dem putzwütigen Roboter, der unermüdlich weiterarbeitete.

Plötzlich gab es einen lauten Knall und eine dicke Staubwolke breitete sich aus. "Das war's dann wohl", meinte Daniel und betrachtete den kaputten Roboter. "Sollen wir ihn reparieren, damit er auch den letzten Staub entfernen kann?", fragte Goofy hilfsbereit.

"Bloß nicht!", rief Daniel entsetzt. "In Zukunft sorge ich lieber wieder selbst für Ordnung."

**Da hat der Putzroboter ja etwas Schönes angerichtet!
Doch trotz seiner Gründlichkeit hat er einen Löffel, ein Messer und eine Gabel übersehen.
Weißt du, wo die Teile stecken?**

Goofys Schlaftheater

*Wenn Goofy mal nicht schlafen kann,
dann malt er sich die Füße an.
In seinem kleinen Fußtheater
spielt der dicke Zeh den Vater.
Die Mutter ist der Zeh daneben,
das hat sich einfach so ergeben.
Und der Rest der Zehenschar
sind die Kinder – ist doch klar.
Bewegt er die Zehen hin und her,
freut sich die kleine Familie sehr.
Alle zappeln vor und zurück
und spielen ein nettes Theaterstück.
Vergnügt guckt Goofy ihnen zu,
bis er plötzlich schläft im Nu.
Nun ist die Zehenfamilie leise
und alle geh'n auf Traumlandreise.*

Mickys Fingertheater

Möchtest du auch gerne ein Theaterstück aufführen? Micky zeigt dir, wie du mit ein bisschen Farbe deine Finger im Handumdrehen in ein Minitheater verwandeln kannst.

Alles was du dazu brauchst, sind abwaschbare Wasserfarbenstifte. Filzstifte solltest du nicht verwenden, sonst musst du deine Finger später nämlich stundenlang mit der Bürste abschrubben.

Mit den Wasserfarbenstiften malst du dir lustige Gesichter auf die Fingerkuppen, und zwar auf jede eines. Wie so etwas aussehen kann, siehst du an Mickys Händen.

Hast du jeden Finger mit einem lustigen oder frechen Gesicht versehen, kann die Vorstellung auch schon beginnen. Vorhang auf! Bewege die einzelnen Fingerkuppen auf und ab und lasse deine Fingerpuppen spielen.

2. Die Vögelein, sie sangen
so süß im Sonnenschein,
sie sind zur Ruh' gegangen
in ihre Nestchen klein.
Das Heimchen in dem Ährengrund,
es tut allein sich kund:
Schlafe, schlafe, schlaf du,
mein Kindelein!

3. Sandmännchen kommt geschlichen
und guckt durchs Fensterlein,
ob irgend noch ein Liebchen
nicht mag zu Bette sein.
Und wo er nur ein Kindchen fand,
streut er ins Aug' ihm Sand.
Schlafe, schlafe, schlaf du,
mein Kindelein!

Heißa, macht das Spaß!
A- und B-Hörnchen toben vor dem Schlafengehen gerne noch ein bisschen über die Blumenwiese. Am liebsten mögen sie rote Blumen. Wie viele davon gibt es hier?

Der Schneefiguren-Wettbewerb

Es war tiefster Winter und ganz Entenhausen lag unter einer dicken weißen Schneedecke. Seit Tagen schneite es ununterbrochen. Schon lange hatte es nicht mehr so viel Schnee gegeben.

Um den herrlichen Winter gebührend zu begrüßen, veranstaltete das Entenhausener Tagblatt einen Schneefiguren-Wettbewerb.

Als Tick, Trick und Track die Zeitung lasen, sprangen sie vor Freude in die Luft. Begeistert liefen sie zu Onkel Donald. "Hast du schon die Zeitung gelesen?", fragte Tick aufgeregt.

"Es wurde ein Schneefiguren-Wettbewerb ausgeschrieben", rief Trick. "Dem besten Schneekünstler winken 10.000 Taler", setzte Track eilig hinzu. "Und wir nehmen daran teil!", jubelten die Drei wie aus einem Mund.

**Nanu, wo haben Tick, Trick und Track denn ihre Kappen gelassen?
Kannst du sie im Bild entdecken?**

"Lasst mal sehen!", meinte Donald neugierig und schnappte sich die Zeitung.

Tatsächlich, da stand es schwarz auf weiß *10.000 Taler zu gewinnen*.

"Ich bin auch dabei", rief Donald aufgeregt.

"Willst du ganz alleine teilnehmen?", wollten seine Neffen wissen.

Donald überlegte: "Zu zweit würde es viel mehr Spaß machen. Und eine helfende Hand wäre natürlich auch sehr nützlich."

Rasch eilte er zum Telefon, um Daisy von der sensationellen Nachricht zu erzählen.

"... und da dachte ich mir, vielleicht hättest du Lust mit mir zusammen an dem Wettbewerb teilzunehmen?", erklärte Donald.

Daisy war gleich einverstanden. "Das ist eine tolle Idee!", freute sie sich. "Wir zwei sind ein Team!"

Die beiden wollten sich gleich treffen und sich eine besonders lustige Schneefigur ausdenken.

Auch die anderen Bewohner von Entenhausen hatten den Bericht über den großartigen Wettbewerb gelesen. In Windeseile hatte sich die Nachricht verbreitet und natürlich wollte jeder daran teilnehmen.

Schließlich war es soweit. Alle Teilnehmer versammelten sich im großen Stadtpark von Entenhausen.

Jedes Team bekam eine Teilnehmernummer und einen Platz zum Figurenbauen zugewiesen.

Dann ging es los – die Wettbewerber durften loslegen.

Obwohl es bitterkalt war und das Thermometer weit unter Null stand, machten sich alle Teilnehmer begeistert ans Werk.

Riesige Schneekugeln wurden gerollt

und aufeinander getürmt. Gewaltige Schneehaufen wurden aufgehäuft und in Form gebracht.

Jeder gab sich große Mühe, eine lustige, hübsche oder kunstvolle Figur in den Schnee zu setzen.

Schon nach kurzer Zeit waren die ersten Schneefiguren ansatzweise zu erkennen. Da standen ein weißer Vogel, eine halbe Burg, ein großer Geldschrank, ein riesiger Taler, ein Schneeflugzeug, eine weiße Lokomotive und eine Reihe von Zootieren.

Nur bei Donald und Daisy hatte sich noch nichts getan. Sie standen vor einem unförmigen Schneehaufen.

Daisy sah ziemlich wütend aus. "Sollten wir nicht langsam anfangen, den Schnee in Form zu bringen?", fragte sie sauer. "Ein guter Künstler braucht Zeit!", erklärte Donald und starrte konzentriert auf den weißen Hügel.

machen wollte, Donald hatte etwas daran auszusetzen.

"Du kannst uns einen Eimer Wasser besorgen, damit wir den geformten Schnee dann damit härten können", meinte Donald und schob Daisy zur Seite.

Zornig schnappte sie sich den leeren Eimer und machte sich damit auf den Weg. "So habe ich mir die Teamarbeit ganz und gar nicht vorgestellt", schimpfte sie wütend.

"Ich könnte doch hier unten schon einmal anfangen...", sagte Daisy und drückte den Schnee zusammen. "Nicht!", rief Donald aufgeregt. "Das ist die falsche Stelle!" "Und wenn ich hier...", fragte Daisy und begann, den Schnee in Form zu drücken. "Da erst recht nicht!", bestimmte Donald. Was auch immer Daisy

Als sie mit dem Wasser zurückkam, war Donald immer noch kein Stück weitergekommen. Er stand auf dem Schneehügel und dachte angestrengt nach.

"Hier ist das Wasser", seufzte Daisy und stellte den vollen Eimer vor den Hügel. "Nicht dort hin", maulte Donald. "Da steht er nur im Weg."

"Jetzt reicht es!", schimpfte Daisy wutschnaubend. Sie griff nach dem Eimer, holte kräftig aus und schüttete die volle Wasserladung über Donald.

Wütend riss er die Arme in die Luft, um zu protestieren. Doch sagen konnte der Ärmste nichts mehr. Ehe er sich versah, fror er auf der Stelle fest.

**Fünf Schneehasen haben sich in diesem Bild versteckt. Da sie weiß sind, ist es nicht leicht sie zu erkennen. Um sie zu finden, musst du ganz genau hinsehen.
Na, siehst du sie?**

Verwundert guckte Daisy auf den steif gefrorenen Donald. Plötzlich hörte sie die Leute von der Zeitung rufen: "Die Zeit ist um, liebe Künstler!" Dann stellte der Chefredakteur allen Teilnehmern die Preisrichter vor. Das waren zehn Erwachsene und zehn Kinder.

"Na großartig", dachte Daisy enttäuscht. "Das war es dann ja wohl!" Traurig guckte sie auf all die schönen Schneefiguren.

Gespannt gingen die Preisrichter von einem Schneegebilde zum nächsten. Sie guckten sich jedes einzelne ganz genau an.

Als die Gruppe bei Daisy ankam, machten alle große Augen. Rasch stand ihre Entscheidung fest.

"Dies hier ist die beste Schneefigur!", verkündete der Chefredakteur der Zeitung fröhlich.

Alle bewunderten das tolle Kunstwerk und gratulierten Daisy.

Und weil Donald ihr bei diesem Kunstwerk auf seine Art geholfen hatte, war sie ihm nun auch nicht mehr böse. Gemeinsam mit Tick, Trick und Track trug sie Donald nach Hause.

Dort setzten sie ihn zum Auftauen vor den Kamin und verwöhnten ihn mit einem heißen Fußbad.

Weißt du, wie viel Sternlein stehen?

1. Weißt du, wie viel Sternlein ste-e-hen an dem bla-au-en Himmels-zelt? Gott der Herr hat sie ge-
Weißt du, wie viel Wol-ken ge-e-hen weit-hin ü-ü-ber alle Welt?

zä-he-let, dass ihm a-auch nicht ei-nes fe-he-let an der gan-zen, gro-ßen

Za-ahl, an der ga-an-zen, gro-ßen Zahl.

Weißt du, wie viel Sternlein auf dieser Seite stehen? Versuche doch einmal sie alle zu zählen. Na, kannst du das schon?

2. Weißt du, wie viel Mücklein spielen
in der heißen Sonnenglut,
wie viel Fischlein auch sich kühlen
in der hellen Wasserflut?
Gott, der Herr, rief sie mit Namen,
dass sie all' ins Leben kamen,
dass sie nun so fröhlich sind,
dass sie nun so fröhlich sind.

3. Weißt du, wie viel Kindlein frühe
stehn aus ihren Bettlein auf,
dass sie ohne Sorg' und Mühe
fröhlich sind im Tageslauf?
Gott im Himmel hat an allen
seine Lust, sein Wohlgefallen,
kennt auch dich und hat dich lieb,
kennt auch dich und hat dich lieb.

Das Sternen-Mobile

Goofy liebt den Mond und die Sterne. Damit sie ihn durch die Nacht begleiten, hat er sich ein tolles Mobile gebastelt und übers Bett gehängt. Das kannst du auch. Goofy zeigt dir wie das geht.

Zum Basteln benötigst du weiße feste Pappe, Pauspapier, einen Bleistift, eine Schere, Buntstifte, eine Nadel und weiße Wollfäden.

1. Pause die Wolke, den Mond und die Sterne auf die weiße Pappe und schneide alle Teile aus. Wie oft du jedes Teil brauchst, steht neben den Schablonen.

2. Male alle Einzelteile von beiden Seiten bunt an.

3. Die Wolke schneidest du entlang der vorgezeichneten Linie ein. Dabei schneidest du die eine vom unteren geraden Rand bis zum Querstrich ein und die andere von oben.

4. Die beiden Wolken schiebst du dann im rechten Winkel ineinander.

5. Jetzt werden alle Einzelteile zu einem Mobile zusammengefügt. Dazu nimmst du Nadel und Faden zur Hand. Beginne mit dem Mond. Ziehe einen Faden durch den unteren Rand und verknote das Ende. Dann stichst du durch die Mitte im unteren Schnittpunkt der Wolke und verknotest den Faden.

6. Auf die gleiche Weise befestigst du nun nach und nach die Sterne. Insgesamt brauchst du vier Sternenreihen. Die befestigst du am Außenrand der Wolke.

7. Für die Aufhängung befestigst du am Schluß noch einen langen Faden an der Wolke.

Wolke 2 x

Mond 1 x

Sterne 4 x   Sterne 4 x   Sterne 4 x   Sterne 3 x

Goofy hebt ab

Es war im Herbst. Der Wind blies kräftig übers Land, und Goofy hämmerte eifrig in seiner Garage. "Was machst du da?", fragte Micky neugierig, als er Goofy besuchen kam. "Ich baue einen Drachen", antwortete Goofy. Stolz zog er seinen selbst entworfenen Bauplan hervor und zeigte ihn seinem Freund.

Verwundert guckte Micky auf den Plan und die darauf angegebenen Maße. "Hmmm", überlegte er. "Wird der nicht ein bisschen groß?"

"Der wird sogar riesig!", erwiderte Goofy und schwärmte: "Das wird der größte Drachen, den du je gesehen hast."

Auf allen vier Bildern hat sich ein heimlicher Beobachter eingeschlichen. Wer ist es und wo steckt er?

"Hoffentlich wird der Drachen nicht zu schwer, sonst hebt er vielleicht gar nicht ab", gab Micky zu bedenken. "Nein, nein! Der wird fliegen wie ein Adler", versicherte ihm Goofy. Eifrig nagelte er eine Holzleiste an die andere.

"Ich sag dir Bescheid, wenn der Drachen fertig ist, dann können wir ihn gemeinsam steigen lassen."

"Toll! Bis später dann", sagte Micky und machte sich auf den Heimweg.

Als er zu Hause ankam, erzählte er Mack und Muck von Goofys Drachen. Die beiden waren ganz begeistert.

"Dann lassen wir unsere Drachen auch steigen", riefen sie munter. Sofort gingen sie in die Garage und kramten ihre Drachen hervor.

61

Dann war es endlich soweit. Goofys Drachen war fertig und er war wirklich riesig.

"Wow!", riefen Mack und Muck begeistert, als sie ihn sahen. "Der sieht ja aus wie ein großer Vogel", staunte Mack. "Er heißt auch *Fliegender Adler*", erklärte Goofy stolz. Auch Micky fand den Drachen sehr beeindruckend. "Der sieht ja wirklich toll aus", schwärmte er. Gemeinsam verstauten sie den Riesendrachen im Anhänger und fuhren hinaus aufs Feld.

Außer einem Bauernhof und ein paar Kühen war hier nichts weiter zu sehen.

"Das ist genau der richtige Platz", entschied Goofy und machte seinen Drachen startklar.

Während Mack und Muck ihre kleinen Drachen mit dem ersten Windstoß in den Himmel segeln ließen, hatte Goofy so seine Probleme.

Der Drachen war viel zu groß, um ihn in die Luft zu wuchten und gleichzeitig auch noch die Drachenschnur richtig festzuhalten.

"Vielleicht ist er doch zu schwer geworden?", meinte Micky.

"Nein, nein! Der braucht nur den richtigen Anstoß", sagte Goofy überzeugt und bat Micky, mit dem Drachen ein Stück vorauszulaufen.

Doch für Micky allein war der Drachen viel zu schwer. Jedes Mal, wenn er ihn anhob, kippte das Monstrum nach vorne über seinen Kopf hinweg oder nach hinten über seine Schultern. "So funktioniert das nicht", stöhnte Micky.

Erst als Mack und Muck gemeinsam mit Micky anpackten, gelang es ihnen, dem Drachen einen kräftigen Schubs zu verpassen.

Langsam hob der Drachen ab und stieg höher.

Freudestrahlend rollte Goofy immer mehr Schnur ab, und der Drachen stieg höher und höher.

"Der Adler fliegt! Der Adler fliegt!", jubelten Micky, Mack und Muck. Begeistert guckten sie in den Himmel, wo der Drachen gemächlich hin- und hersegelte.

"Och", rief Goofy enttäuscht. "Die Schnur ist fast am Ende. Höher kann der Drachen leider nicht mehr steigen."

Doch kaum hatte er das gesagt, da erfasste ihn ein kräftiger Windstoß und hob Goofy in die Luft.

Ehe er wußte, wie ihm geschah, fühlte Goofy keinen Boden mehr unter den Füßen. Er hing an der Drachenschnur und schwebte langsam aber stetig himmelwärts.

"Wie kommst du wieder herunter?", rief Micky Goofy besorgt nach. Doch Goofy hatte keine Ahnung.

Der Drachen trug ihn höher und immer höher. Seine Freunde waren schon längst nicht mehr zu sehen, als die Dämmerung anbrach. Plötzlich ließ der Wind nach und der Drachen glitt langsam auf die Erde zurück.

Doch wo Goofy da gelandet war, erfuhr der Ärmste erst am nächsten Morgen, als die Sonne wieder aufging.

Wo steckt denn Goofys Drachen? Kannst du ihn im Bild entdecken?

2. Schlaf, Kindlein, schlaf!
Am Himmel zieh'n die Schaf:
Die Sternlein sind die Lämmerlein,
der Mond, der ist das Schäferlein.
Schlaf, Kindlein, schlaf!

3. Schlaf, Kindlein, schlaf!
So schenk' ich dir ein Schaf
mit einer gold'nen Schelle fein,
das soll dein Spielgeselle sein.
Schlaf, Kindlein, schlaf!

4. Schlaf, Kindlein, schlaf!
Und blök nicht wie ein Schaf!
Sonst kommt des Schäfers Hündelein
und beißt mein böses Kindelein.
Schlaf, Kindlein, schlaf!

5. Schlaf, Kindlein, schlaf!
Geh fort und hüt die Schaf'
geh fort, du schwarzes Hündelein
und weck mir nicht mein Kindelein!
Schlaf, Kindlein, schlaf!

Goofy hütet
eine Weide voller Schafe.
Wenn du sie zählst, weißt du,
auf wie viele Schafe Goofy aufpasst.

Eine Schlafmaus zum Kuscheln

Ohne seine Schlafmaus geht Donald nicht ins Bett. Die hat Oma Duck ihm selbst gemacht. Hättest du auch gerne so eine Kuschelmaus? Dann schau Oma Duck beim Basteln zu und mache es ihr einfach nach.

1. *Falte den Waschlappen diagonal in der Mitte zusammen, so dass daraus ein Dreieck entsteht.*

Für eine Schlafmaus brauchst du einen quadratischen Waschlappen, Nadel und Faden, zwei Plastikaugen oder Knöpfe, schwarze Wollfäden, eine Schere und Klebstoff.

2. *Dann faltest du Ecke A je nach Größe des Waschlappens 4 bis 6 cm zur Mitte hin ein. Befestige die Ecke mit ein paar Stichen, damit sie nicht mehr verrutschen kann.*

3. Nun faltest du Ecke B diagonal über die Mitte hinweg, sodass sie etwa 3 cm über den oberen Rand hinausragt.

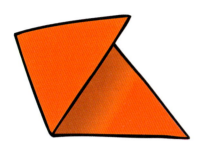

4. Das Gleiche wiederholst du mit Ecke C. Jetzt hast du am einen Ende eine Spitze, die Nase, und am anderen Ende zwei Ohren.

5. Nähe die offenen Seiten zu und binde die Ohren mit Nadel und Faden ab.

6. Jetzt werden die Augen aufgesetzt. Hast du Plastikaugen aus dem Bastelgeschäft, klebst du sie auf. Möchtest du Knöpfe verwenden, nähst du sie mit Nadel und Faden an.

7. Für die Schnurrhaare fädelst du schwarze Wolle auf die Nadel. Stich die Nadel auf der einen Seite der Nase ein und hole sie auf der anderen wieder heraus. Versieh beide Wollenden am Ein- und Ausstichsloch mit einem Knoten, damit sie nicht mehr von der Nase rutschen können. Auf die gleiche Weise bringst du noch zwei weitere Schnurrhaare an. Fertig ist die Schlafmaus.

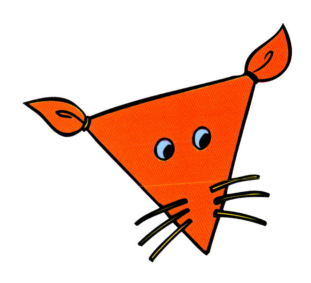

Geschichten am Lagerfeuer

Donald, Tick, Trick und Track befanden sich auf einer abenteuerlichen Expedition quer durch die kanadische Wildnis.

Schon immer wollte Onkel Donald seinen Neffen zeigen, wo die Bären zu Hause sind. Hier in Kanada konnten sie Bären sogar aus nächster Nähe beobachten.

An einem Fluß entdeckten sie eine Bärenmutter mit ihren beiden Jungen. Während die Kleinen geduldig am Ufer warteten, fischte die Mutter Fische für sie aus dem Wasser. Onkel Donald, Tick, Trick und Track hatten sich leise hinter Büschen versteckt und sahen der Bärenfamilie gespannt zu.

Wo haben sich Donald, Tick, Trick und Track auf die Lauer gelegt? Kannst du sie im Bild entdecken?

Als die Dämmerung allmählich einbrach und die Bären sich in den Wald zurückgezogen hatten, war es für die vier Abenteurer an der Zeit, ihr Lager herzurichten.

Gleich in der Nähe des Flusses schlugen sie die Zelte auf und entfachten ein großes Lagerfeuer. Bald loderten die Flammen hoch auf, und die ersten Fische kamen auf den Grill.

"Ich bin hundemüde!", gähnte Onkel Donald und streckte seine Arme in die Luft.

"Du willst doch wohl noch nicht schlafen?", riefen Tick, Trick und Track wie aus einem Munde. Im Gegensatz zu Onkel Donald waren die Jungs noch viel zu aufgeregt, um sich schon aufs Ohr zu legen.

"Na gut!", sagte Donald. "Ich erzähle euch noch eine spannende Geschichte – eine ganz gruselige!"

Er war sich ganz sicher, dass Tick, Trick und Track dabei so viel Angst bekommen würden, dass sie nichts lieber wollten, als ganz schnell einzuschlafen.

"Es war einmal in einer dunklen, dunklen Nacht...", begann Donald mit flüsternder Stimme zu erzählen. Dabei ließ er die Arme gespenstisch durch die Luft schweben.

Er erzählte von Riesenfledermäusen, die nichts Gutes im Schilde führten und die Gegend unsicher machten. Dabei gab er sich alle Mühe, seinen Neffen Angst einzujagen.

Doch da hatte er sich verrechnet. Zwar hörten Tick, Trick und Track ihm aufmerksam zu, doch die Geschichte fanden sie nur spannend.

"Jetzt bin ich an der Reihe!", rief Trick fröhlich und erzählte eine lange Geschichte über schreckliche Waldhexen, die nachts heimlich in Zelte schleichen und die Schlafenden verhexen.

Der Gedanke, jetzt alleine im Zelt zu liegen, gefiel Donald plötzlich überhaupt nicht mehr. Nervös blickte er hinter sich, um sicher zu gehen, dass dort keine Waldhexe lauerte.

"Kennt ihr die Geschichte von den unheimlichen kanadischen Flusskrokodilen, die sich lautlos anschleichen, sobald das Lagerfeuer erlischt?", fragte Tick.

"Nein, erzähl mal!", riefen Track und Trick gespannt.

Je länger Tick erzählte, desto mulmiger wurde es Onkel Donald. Ängstlich spitzte er die Ohren und lauschte nach unheimlichen Geräuschen.

"Ich kenne auch eine ganz grässliche Geschichte. Sie handelt von Riesenschlangen, die unter der Erde leben. Am liebsten in der Nähe von Flüssen. Nur wenn sie Hunger haben...", begann Track die nächste Gruselgeschichte zu erzählen.

Ein kalter Schauer lief Donald den Rücken hinunter. Und während Track so erzählte, hörten die Jungs plötzlich ein lautes Klappern. "Was ist das?", wollte Trick wissen. "Gibt es hier etwa Klapperschlangen?", fragte Track entgeistert. "Es klingt so nahe", fand Trick.

Da fiel ihr Blick auf Onkel Donald. Völlig verängstigt saß er auf dem Baumstumpf – und klapperte laut mit den Zähnen.

"Aber, Onkel Donald! Das sind doch nur ausgedachte Geschichten", versuchte Trick seinen Onkel zu beruhigen.

"Ja, so etwas gibt es doch gar nicht", meinte auch Track. "Vielleicht sollten wir jetzt lieber schlafen gehen?", schlug Tick vor.

Doch als die Drei sich von ihren Plätzen erheben wollten, rief Donald blass vor Angst: "Nein! Ich gehe nicht in mein Zelt. Kommt gar nicht in Frage! Wer weiß, was da alles passieren kann! Wir sollten die ganze Nacht aufbleiben und aufpassen!" Das gefiel Tick, Trick und Track aber gar nicht. Vom vielen Erzählen waren sie hundemüde. Schließlich war es schon spät in der Nacht.

"Was machen wir jetzt?", fragte Trick ratlos. Da hatte Track eine Idee. "Wir schieben abwechselnd Wache, Onkel Donald. Dann kann jeder ein bisschen schlafen."

Donald war einverstanden. Noch reichlich zittrig auf den Beinen kroch er in sein Zelt und stieg in seinen Schlafsack.

Doch schlafen konnte Donald nicht. So ganz alleine in seinem Zelt zu liegen, war dem Ärmsten nicht geheuer. Rasch kroch er wieder aus dem Schlafsack und verließ das Zelt.

"Ich will nicht alleine schlafen!", jammerte Donald. Aber jedes der beiden Zelte war zu klein für alle vier. "Dann schlafen wir eben alle draußen neben dem Lagerfeuer", schlug Tick vor.

Das war allen recht. Sie holten ihre Schlafsäcke aus den Zelten und machten es sich auf dem Boden bequem. Damit Onkel Donald keine Angst mehr haben brauchte, durfte er sogar zwischen den Jungs schlafen.

"Nie wieder", schwor sich Onkel Donald, bevor er die Augen schloss, "versuche ich anderen Angst einzujagen!"

Wenn du dir das Bild ganz genau ansiehst, kannst du außer Donald und seinen Neffen auch noch vier Tiere entdecken: eine Eule, einen Bären, ein Eichhörnchen und einen Waschbären.

2. Da haben wir so manche Stund'
gesessen da in froher Rund'
und taten singen;
die Lieder klingen
im Eichengrund.

3. Dass wir uns hier in diesem Tal
noch treffen so viel hundertmal;
Gott mag es schenken,
Gott mag es lenken,
er hat die Gnad'!

4. Nun, Brüder, eine gute Nacht,
der Herr im hohen Himmel wacht.
In seiner Güten
uns zu behüten,
ist er bedacht.

**Während Donald
ganz fest schläft, haben sich
fünf Mäuschen zu ihm gesellt und es
sich bequem gemacht. Siehst du, wo sie schlafen?**

Augen zu und Ohren auf!

Wenn Mack und Muck zur Schlafenszeit noch nicht richtig müde sind, spielen sie vor dem Einschlafen gerne eine Weile Geräuschdetektive.

Damit das besonders gut klappt, schließen sie die Augen und lauschen dann auf alle Geräusche, die sie um sich herum wahrnehmen können.

Probiere es einmal aus. Du wirst dich wundern, was du alles zu hören bekommst: Schritte im Treppenhaus, Motorräder oder Autos, die auf der Straße vorbeirauschen, oder die Standuhr des Nachbarn.

Versuche zu erraten, woher die einzelnen Geräusche kommen und von was oder wem sie stammen könnten.

Und wenn du dann allmächlich müde wirst, lässt du die Augen einfach geschlossen und schlummerst ein.